Ich danke allen „Facebookern", die immer wieder kritisches, erhellendes, hilfreiches zu Bergedorf erzählen können und somit das „Kopfkino" am laufen halten !

Ronald Hartmann

Bergedorf – das waren noch Zeiten!
Teil 2

*Bibliografische Information der Deutschen Nationalbibliothek:Die Deutsche Na-
tionalbibliothek verzeichnet diese Publikation in der Deutschen Nationalbiblio-
grafie; detaillierte bibliografische Daten sind im Internet über http://dnb.dnb.de
abrufbar.*
© 2015 Name des Autors/Rechteinhabers (Ronald Hartmann)
Illustration: Ronald Hartmann
Herstellung und Verlag: BoD – Books on Demand, Norderstedt

*ISBN: 978-3-**7386-4147-9***

Inhaltsverzeichnis

Impressum:

Wieder ist ein Jahr vergangen, seitdem mein letztes Buch „Bergedorf – die Schatzsuche Teil 2" veröffentlicht wurde. In diesem Buch „Bergedorf – Erinnerungen" möchte ich viele neue Bilder, die ich im letzten Jahr erhielt, zeigen und Erinnerungen mit Ihnen austauschen.

Seit einigen Jahren betreibe ich meine Bergedorf-Facebookseite „Bergedorfer Fotos – von damals bis heute", die lebhaft besucht wird und zu vielen tollen Kommentaren, Diskussionen und Beiträgen führte. Diese Beiträge haben mich jetzt dazu gebracht, Sie lieber Leser, an den Erinnerungen vieler teilzuhaben zu lassen.

Bergedorf verändert sich immer mehr und mit einer dramatischen Schnelligkeit. Vieles wurde in diesem Jahr wieder abgerissen und gehört mittlerweile auch schon der Vergangenheit und somit den „Erinnerungen" an (z.B. der Kornspeicher an der Chrysanderstrasse). So schnelllebig aber die Zeit auch ist, möchte ich versuchen, doch ein wenig zu entschleunigen um einen Blick zurück zu wagen.

Beginnen möchte ich mit einigen der meistdiskutierten Facebookbildern/-beiträgen beginnen, die auch sehr häufig die Sehnsucht nach der „guten alten Zeit" wiederspiegeln.

Tauchen Sie mit ein in das alte Bergedorf und teilen Sie die „Erinnerungen".

1. Kapitel   Bille-Bad

Häufig schweifen bei sommerlichen Temperaturen meine Gedanken immer wieder ab und ich stelle mir vor, während der Schweiß auf meiner Stirn steht, wie ich über eine große Liegewiese laufe, vorbei an vielen auf der Wiese liegenden Handtüchern, an knutschenden Jugendlichen, Großfamilien mit vielen Kindern, sich in der Sonne bratenden Erwachsenen und dazwischen frisbee- und fußballspielende Kiddies. Die Abfalleimer quollen über und es war kein freier Platz in Sicht. Dazwischen ein schriller Pfiff und die laute Ansage:

„Springen vom Beckenrand verboten! Beim nächsten Mal fliegst Du raus!"

Ein interessierter Blick von mir zeigte, dass der „5er" wieder mal gesperrt war und der Bademeister gerade wieder den nächsten Anpfiff verteilte:

„Raus aus dem Becken, wenn Du keine Badekappe für Deine langen Loden hast."

Ich grinste. Das Problem mit den langen Haaren hatte ich glücklicherweise nicht mehr. Nach einiger Zeit hatte ich mein eigenes kleines Reich gefunden und mit einem Strandlaken als meinen Platz markiert. Schnell holte ich die Badehose aus dem Rucksack, nahm mein Portmonee vorsichtshalber mit und ging die 250 Meter zurück zu den Umkleidekabinen. Dann war ich endlich bereit mich ins kühle Nass zu stürzen.

Nachdem ich auf meinem Platz meine Klamotten verstaut hatte, nahm der Spaß seinen Lauf. Erst einmal die Barriere-Dusche mit Fußbecken überwinden, ohne die man nicht in den Schwimmbereich kommen konnte. Luft anhalten, Duschknopf drücken und den ersten Kälteschock überstehen. Der Herzschlag setzte langsam wieder ein und tropfend wie ein nasser Pudel stieg ich die Leiter in das 3,80 Meter tiefe Becken. Herrlich!

Wieder ein schriller Pfiff!

„Hey Sie da, verlassen Sie den Sprungbereich!

„Hä?"

In dem Moment ergoss sich ein Schwall von Wasser über mich und ich wurde unter Wasser gedrückt. Als ich japsend wieder auftauchte war mir klar, was der Bademeister wollte - eine sogenannte „Arschbombe" hatte direkt neben mir eingeschlagen. Unter dem Turm kann man durchschwimmen, aber nicht davor im Sprungbereich. Nachdem ich in das feixende Gesicht eines Jugendlichen schaute, der neben mir auftauchte und vermutlich der „Arsch" der „Bombe" war, begann ich meine Bahnen zu ziehen.

Nach einer halben Stunde schwimmen war es Zeit sich auf den Steinstufen zu trocknen. Langsam setzte ich mich und fühlte sofort die von der Sonne aufgewärmten breiten Stufen. Mit mir und der Welt zufrieden betrachte ich das fröhliche Leben im Wasser, das Gekreische im Nichtschwimmerbecken, die ersten Schwimmversuche kleiner Kinder mit ihren Eltern, den Bademeister, der sein Revier wichtig, sich seiner Position bewusst, abschritt, „Halbstarke", die mit immer ausgefallenen Sprungversuchen versuchten die kichernen Mädchen zu beeindrucken, die am Sprungturm am Zaun lehnten und laut anfingen zu lachen, als wieder einer der „Sprungversuche" mit einem verunglücktem Bauchklatscher im Wasser landeten, oder eine geplatzte Badehose bei der Landung sich selbständig machte.

Nach fünfzehn Minuten stand ich auf, schaute zur Uhr hoch, da ich nur für zwei Stunden eine Eintrittskarte gelöst hatte und verließ den Schwimmbereit am hinterem Ende durch das Duschbecken. Ich verspürte einen riesigen Hunger und ging zu meinem Badetuch. Ich holte meine Geldbörse und schlenderte langsam Richtung Kiosk. Von weitem sah ich schon die Schlange der Kaufwütigen, die die Treppe hoch bis zum Kiosk anstanden. Nehme ich jetzt einen leckeren Mikrowellenburger oder lieber einige Lakritzstangen oder.....

„Klopf, Klopf, Klopf – jemand da?"

Vollkommen verwirrt schaute ich meine Frau an und bemerkte schnell, das ich mich nicht im Bille-Bad befand, sondern im Wohnzimmer mit einem Bild des Bille-Bad in der Hand..

„Na, wieder von alten Zeiten geträumt?"

Ich schluckte, immer noch den Duft der imaginären Burgers in der Nase, und nickte.
………

So, oder so ähnlich fängt oft das sogenannte „Kopfkino" an, das sich automatisch einschaltet, wenn Erinnerungen bei einem ausgelöst werden.

Das Thema „Bille-Bad" habe ich einige Male auf meiner Facebook-Seite aufbereitet und war erfreut, wie viele Bergedorfer sich an die alten Bille-Bad-Bilder erinnerten. Ebenso freute ich mich über die vielen Beiträge, bei den der- oder diejenige das Bille-Bad in diesen Dimensionen so nicht kannten.

Bergedorf   Blick v. d. Ernst Mantiusbrücke auf Rethwärder u. alte Bleicherei

Auf diesem Bild (um 1900) ist die gesamte linke Seite, auf der später das Bille Bad entstand, noch vollkommen unbebaut, auf der rechten Seite wäre heute das Schillerufer und im Hintergrund ist die Mühle an der Brauerstrasse, der heutigen Chrysanderstrasse zu erkennen.

Um sich genau vorstellen zu können, wo der Rethwärder
sich damals befand, als dieser noch keine Strasse
(Reetwerder) war, ist ein Kartenausschnitt aus dem Jahre
1887 hilfreich

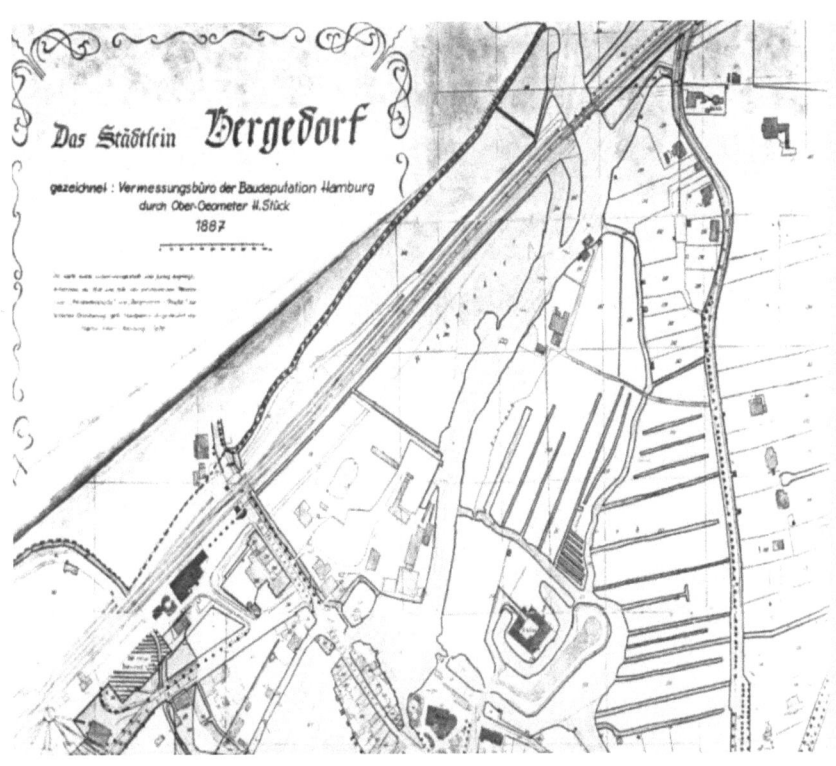

Dieses Bild zeigt das Bille-Bad aus dem Jahr 1920, als es noch eine Flussbadeanstalt war, mit großzügigem Sandstrand.

Dieses Bild unbekanntem Datums (40er Jahre) zeigt im Hintergrund das Eisenwerk und die langen Reihen der Umkleidekabinen

Dieses Foto zeigt das Bille Bad in den siebziger Jahren, wie ich es noch kannte und „träumte". Die großzügigen Sandstrände wurden durch schöne Liegeflächen auf Rasen und einem Hallenbad ersetzt.

Als das Billebad noch ein Flußschwimmbad gewesen war, sind viele Bergedorfer vom Schillerufer in die Bille gesprungen und rübergeschwommen. Schwupp über die Spundwand geklettert und schon hatte man sich den Eintritt gespart. Die Bille war damals auch noch viel tiefer. Von meinem Vater wurde mit auch erzählt, dass sie von der Ernst-Mantius-Brücke damals auch immer in die Bille gesprungen sind. Das Baden war ein Naturerlebnis zwischen Kaulquappen und kleinen und größeren Fischen zu schwimmen. In Erinnerung blieben aber auch die mit Algen bewachsenden Holzbalken und der 7,5 Meter Turm.

Im Billebad der 70er Jahre habe ich in jungen Jahren viel Zeit verbracht.

Es gab zu der Zeit einen Ferienpass zu kaufen, mit dem man dann freien Eintritt in das Bille-Bad, aber auch zu vielen anderen Institutionen hatte. Die alte Kioskverkäuferin blubberte einen immer an (was noch?, zack zack) und auf seine Pommes musste man immer warten und hoffen, dass die Bestellung nicht vergessen wurde.

Zwischendurch hat man auch oft die Möglichkeit wahr genommen und ist über die Terasse in das Hallenbad gegangen.
Das Schwimmen hat man noch an der Angel und mit Korkringen gelernt. Ganz hinten auf der Liegewiese war das Kinderplanschbecken mit kleinem Spielplatz, wo die Lütten an das Schwimmen herangeführt wurden.

Und heute.................?

Das letzte Bild zeigt das heutige Bille Bad

Nicht erstaunt war ich über die durchweg negativen Äußerungen über das derzeitige Bille Bad, das als viel zu klein, als Spucknapf, Pfütze, Planschbecken und Vogeltränke tituliert wird. Viele äußerten sich auch dahingehend, dass es für einen Bezirk wie Bergedorf mit über 100.000 Einwohnern unwürdig ist, so ein „Spaßbad" zu bauen. Viele sagen auch klipp und klar, dass sie lieber ins Umland Reinbek, Geesthacht oder Ahrensburg gehen, oder gleich in die Tonkuhle in Wentorf oder einen der Badeseen springen. Ein schwimmen im heutigen Billebad ist fast nicht möglich ist, da die Bahnen von Vereinen oder Schulen überwiegend genutzt werden. Nur in das Wasser zu steigen und sich in eine Ecke zu stellen – so stelle ich mir das Schwimmen nicht vor. Manche bekommen auch einen Drehwurm vom im Kreis schwimmen.

2. Kapitel   Bergedorfer Bahnhof

Unser alter Bahnhof: „Wie ich ihn vermisse!" „Der neue ist doch echt gruselig!" So oder so ähnlich lese ich immer wieder Beiträge von Besuchern meiner Seite.

Ganz ehrlich, auch ich tue mich mit dem neuem Bahnhof schwer und ich denke, dass wir keine Freunde werden.
Warum nicht?

Fangen wir doch wieder mit den Erinnerungen an, die ich schon als kleines Kind mit dem Bahnhof hatte. Ja, es waren andere Zeiten in den sechziger Jahren, nicht vergleichbar mit der heutigen oft oberflächlichen Ex- und Hoppgesellschaft. Die Werte waren andere und als Kind freute man sich schon über Kleinigkeiten. Eine Reise nach Hamburg war so spannend, wie für manch einem heute ein Flug nach Mallorca. Es gab Dampfloks, S-Bahn mit Holzklasse, 1. und 2 Klasse; Raucher und Nichtraucher Waggons und richtige Fahrkarten, die vom Schaffner gelocht und entwertet wurden.

Am Lohbrügger Ausgang zur Johann-Meyer-Strasse gab es schwere Schwingtüren aus Holz, bei denen man aufpassen musste, sie nicht vor den Kopf zu bekommen. Im Zugang zum Bahnhofsbereich waren die Kassenhäuschen und im Geländer des Kassenbereiches wurden nach Fahrtende die Karten entsorgt.

Elektronische Kassen- und Fahrkartenautomaten gab es damals noch nicht. Die Fahrkarten wurden noch am Schalter-/Kassenhäuschen gekauft.

Ausgang Johann-Meyer-Str in den 30iger Jahren

Johann-Meyer-Str. Lohbrügger-Seite Bahnhofsvorplatz

Bahnhofsgelände Ende der fünfziger Jahre/Anfang der sechziger Jahre

Am Eingang gab es die große Steinbank, die nach und nach als „Pennerbank" in den Bergedorfer Sprachgebrauch überging. Viele Bergedorfe versuchten diesen Bereich zu vermeiden, weil sich häufig, vor allem in den warmen Sommermonaten, ein unangenehmer Geruch dort häufig breitmachte, Wie heisst es so schön: >Es müffelte!<

Auf der rechten Seite des Eingangs war ein italienisches Restaurant (Ristorante Pizzeria), die Bahnhofsgaststätte und draußen gab es sogar Sitzgelegenheiten. Eine Pizza vor dem Bahnhof unter dem Sonnenschirm am Tisch in der Sonne sitzend genießen – heute nicht mehr vorstellbar.

So schlimm kann das „müffeln" dann damals nicht gewesen sein, für mich macht das viel mehr einen idyllischeren Eindruck als heute.

Im Bahnhof gab es die große Bahnhofsgastätte mit großen Kristallleuchtern (Als Kind war das für mich immer spannend dort kurz „reinzuluschern" und einen Blick auf den Speisesaal zu werfen).

In der Eingangshalle, gab es neben den beiden tollen historischen Wandbildern (vom bekannten Grafiker Bruno Karberg (siehe auch Bergedorf – das waren noch Zeiten!), die die Entstehung Bergedorfs und der Bergedorfer Eisenbahn nachzeichneten, noch richtige Schalter, an denen man seine Fahrkarten oder seine Wochen-/Monatskarten kaufte. Zum Ende des Monats gab es dort immer lange Warteschlangen. Auch ein kleines DB-Reisebüro war dort beheimatet, das im Bahnhof in kleinen Schaukästen die neuesten Reiseangebote aushängte.

Wandelhalle mit „Karberg-Bild"

Neben der Bahnhofsklause gab es auch noch einen kleinen Blumenladen, sowie auf beiden Seiten links und rechts der großen Treppe zwei Toiletten, auf die man, wenn es ging, vermied zu gehen. Es gab dort noch eine richtige Toilettenfrau, die in ihrem kleinem „Kabuff" saß und die Toiletten betreute.

Der Bergedorfer Bahnhof war, so, wie ich mit ihm groß geworden bin, ein Bahnhof, wie man ihn mit allen seinen Vor- und Nachteilen liebte oder hasste. Er wirkte älter, als er tatsächlich war (In den dreissiger Jahren wurde der Bahnhof gebaut). Er hatte einen besonderen Flair, den viele als miefig und nicht mehr zeitgemäß fanden, aber was haben wir heute?

Bergedorfer Bahnhof 2015

Eine architektonische Glanzleistung. Funktionsbau in Dut-
zend-Ware, der austauschbar mit hunderten anderen Bahnhö-
fen ist. Moderner – ja, aber andauernd kaputte Rolltreppen
oder geschlossene Toiletten, weil sie wieder einmal defekt
sind. Die Optik des Bahnhofs ist kühl, gestylt, funktions- und
zeitgemäß.

Ich überlege, was einmal ein Kind von heute wohl in dreißig
oder vierzig Jahren für Geschichten oder Erinnerungen über
unseren heutigen Bahnhof erzählen kann.

3. Kapitel   Boberger Dünen

Die Boberger Dünen habe ich als kleiner Junge auf einer meiner Schulausflüge der Mendelstrassen- und Binnenfeldredderschule das erste Mal bewusst wahrgenommen. Biologie und Naturkunde am lebenden Objekt nannten es die Lehrer damals. Wir beobachteten Vögel, Nagetiere, Eichhörnchen und waren eher darauf versessen, endlich in den Baggersee zu springen. Nachdem ich endlich wusste, wie ich zum Baggersee komme, habe ich viele Fahradtouren von der Korachstrasse in die Boberger Dünen unternommen.

Nach vielen, vielen Jahren wurden mir endlich wieder die Boberger Dünen bewusst, als wir zu einem Essen im Dorfkrug eingeladen wurden. Viele Erinnerungen kamen mir bei den leckeren Bratkartoffeln wieder in den Sinn und ich hielt es für notwendig, dem Naturschutzgebiet wieder einmal, nach langen Jahren/Jahrzehnten, einen Besuch abzustatten. Auch wenn man das Naturschutzgebiet mit einem Fahrrad wunderbar erkunden kann, habe ich mich am nächsten Tag dazu durchgerungen, einen „Back to the roots-Ausflug" mit dem Auto zu machen. Sonne, Blauer Himmel, Hitze und Fotoapparat – was soll schon schiefgehen? Ich hielt am Parkplatz Boberger Düne am Boberger Furtweg, überquerte die Strasse und ich kam mir vor wie in der Südsee. Das es so etwas noch in Hamburg und speziell in Bergedorf gibt – toll. Schuhe ausgezogen und das Wohlfühlgefühl in vollen Zügen genießen. Mir fiel bei den Temperaturen sogleich ein, was ich vergessen hatte (Trinken), und so lief der Schweiß in Strömen. Fasziniert von dem tollen Anblick der Sanddünen und des scheinbar nicht endenden feinkörnigen Sandstrandes, zückte ich den Fotoapparat und schoss einige Fotos. Vielen Neu-Bergedorfern ist das Naturschutzgebiet mit den Fahrradwegen, Dünen, Seen und Segelflugplatz gänzlich unbekannt. Liebe Leser - ein Besuch lohnt sich.

Boberger Dünenlandschaft

26

Früher erstreckte sich von Berliner Tor bis Bergedorf eine Dünenlandschaft. Sie war aufgrund der regelmäßigen Winde am Nordufer des früheren Elburstromtals im Übergangsbereich von Marsch zu Geest entstanden.

Die Dünen wurden im 19. und 20. Jahrhundert abgetragen und für Bauzwecke und Geländeeinebnungen genutzt. Als letzter Rest sind die Boberger Dünen erhalten, und dies auch nur, weil man sich 1927 nicht auf einen Sandpreis einigen konnte.

Heute sind die Boberger Dünen Hamburgs einzige Wanderdüne mit wunderschöner Heidelandschaft in den angrenzenden Gebieten. Das Naturschutzgebiet ist Rückzugsgebiet für seltene Insekten, Kleintiere und Pflanzen.
Das ursprüngliche Dünengelände der Boberger Dünen ist durch menschliche Eingriffe seit dem Mittelalter stark verändert und durch Sandentnahmen erheblich verkleinert worden (z.B. 1907 für die künstliche Aufhöhung der Marschflächen in Billwerder und Hammerbrook und für den Eisenbahn- und Strassenbau). Um 1880 wurde im Bereich der Boberger Furt eine Ziegelei angelegt. Ein Teil des Dünengeländes wird heute als Segelflugplatz genutzt; angrenzende Teiche dienen als Badegewässer.

Der Baggersee am Südrand der Dünen hat eine Tiefe von maximal 18 m. Hier wurden der Sand und Kies des Elbe-Urstromtales im Nassbaggerverfahren abgebaut. (Quelle Wikipedia und Hamburg.de).

Diese schöne Landschaft gehört auch mit zu Bergedorf. Vielen ist das gar nicht klar, oder sie kennen den „schönsten Sandstrand Hamburgs" nicht. Karibikflair pur, Dünenlandschaft, wunderschöne Natur mit Mooren, Seen, kleinen Wäldchen, Bächen und einem Segelflugplatz.

28

Auf diese traumhafte Dünenlandschaft sind aber leider auch andere Plagegeister aufmerksam geworden. Nein, keine Mücken oder Schnaken, sondern zweibeinige.

Eines Tages war ich wieder einmal in den Dünen unterwegs um Fotos zu machen und stieß dabei, kaum vorstellbar, auf mehrere kleine Gruppen von Menschen, die sich zielstrebig einem bestimmten Platz näherten. Je näher ich kam erkannte ich, dass diese Personen sehr freizügig gekleidet waren. Die Temperaturen waren zwar auf angenehm warm, aber ich würde es eher gerade eben so T-Shirt Wetter bezeichnen. Umso erstaunter war ich, als mich zwei nur in Badehose bekleidete Männer überholten, die leise „Moin" murmelten und rasch an mir vorbeiliefen.

Diesem merkwürdigen Treiben konnte ich aber leider nicht weiter nachgehen, da ich selbst gerade auf dem Rückweg war, aber am kommenden Montag las ich dann in der Bergedorfer Zeitung, das die Boberger Dünen wieder zum Erotikdreh einer Filmproduktion missbraucht wurden.

Der Dreh soll vor hunderten Zuschauern live gedreht worden sein.

Unglaublich.

4. Kapitel   Sachsentor Timm

Eine der schönes Ecken Bergedorfs ist das Sachsentor, speziell rund um den Bergedorfer Markt. Das historischen Ensemble alter Fachwerkhäuser verbindet sich immer wieder mit früheren Erinnerungen, als noch andere Geschäfte als heute, in ihrer Ursprungsform, das Stadtbild bereicherten.

Interessant ist es rückblickend zu sehen, das es nur zwei Konstanten in dieser Sachsentor Gebäudezeile gibt. Timm Kaffee und Klier Moden. Ich fand es damals schon interessant, das es Schaukästen in der Fußgängerzone gab, die neue Angebote der Geschäfte zeigten. Schaufenster gucken war damals auch noch „Trendsport"!

Gerade Geschäfte wie z.B. Johs. Wulf waren für mich als kleiner Junge interessant. Man konnte noch Schrauben, Nägel, Muttern einzelnd kaufen und wurde super beraten. Daneben war die Käsetruhe, die bei mir zwar verhasst war (Ich esse heute noch keinen Käse), aber gemäß vieler Besucher meiner Facebook-Seite einen ausgezeichneten Käse hatte. Kinder bekamen beim Besuch der Käsetruhe immer einen Mal- und Bastelbögen geschenkt. Kaffee Timm war schon immer eine Institution Bergedorfs. Als kleines Kind gab es schon leckere Schokolade, Marzipan und für die Erwachsenen Kaffee und Teesorten – wie heute noch. Bergedorfer Schlosskugeln oder Bergedorfer Küsschen sind ein unbedingtes Muss, wenn man wieder einmal durch das Sachsentor schlendert. Einige meiner überflüssige Pfunde hat garantiert Kaffe Timm auf dem Gewissen.

Nachdem mir wieder einmal das Wasser im Mund zusammen-lief, kam mir letztens folgender Gedanke.

Es ist ja allgemein bekannt, das ich mir über Bergedorf und speziell über viele unerträgliche Baumaßnahmen und die fehlende Branchenvielfalt Gedanken mache. Ich war gerade im Sachsentor unterwegs und hatte den leichten köstlichen Geruch frisch gerösteter Kaffebohnen in der Nase, dachte an Bergedorfer Küsschen, holte mir einen bei meiner Frau ab und begann in Gedanken eine Zeitreise zu machen.

Was gab es damals im Sachsentor noch für viele Geschäfte, in denen man Lebensmittel kaufen konnte.

Es gab Lebensmittelgeschäfte wie Fisch Wriede mit seinen riesengroßen Aquariums im Fenster, Fleischer Städele, Feinkost Pinnau, die Käsetruhe, Feinkost Schmieder und Herties Feinkostabteilung im Keller, die es heut zu Tage in der Art im Sachsentor nicht mehr gibt. Schade!

Die Fussgängerzone strahlte früher noch einen Hauch von Gemütlichkeit und Flair aus. Es gab Wippfiguren für die Kleinen, Schaukästen, die die Angebote der nächsten Woche zeigten, Blumenkübel, die vieles bunter und schöner machten und vor allem "Geschäfte", die Lust auf Einkaufen machten. Der Einkauf wurde für uns Kiddies dadurch interessanter, als das wir begierig darauf waren, neue Abenteuerhefte vom Salamander zu bekommen und eine Runde zu rutschen, beim Fleischer Städele bekam man eine Scheibe Wurst oder mitunter sogar eine Wiener, wenn man die Frage seiner Mutter richtig beantworte (wie sagt man?)

Wenn man besonders lieb (*räusper*) war, gab es evtl. auch eine Wundertüte, das Überraschungsei der damaligen Zeit. Kleine Spielfiguren oder Teile zum Zusammenbasteln, Kreisel und Puffreis in allen möglichen Farben. Ein Schaufensterbummel zur Weihnachtszeit war immer wieder ein tolles Erlebnis und ich habe oft mit offenen Mund vor den Schaufenstern gestanden und den beweglichen Weihnachtsfiguren oder der Lokomotive zugeschaut.

Und heute fallen leider immer mehr Leerstände und mangelnde Branchenvielfalt im Sachsentor auf. Unter Brancenvielfalt stelle ich mir nicht mehrere Herren- und Damenfrisöre, Handyshops von O2, Telekom, Otelo oder Backshops unterschiedlicher Ausprägung vor.

5. Kapitel   Mohnhof und Brink

Der Brink war für mich als kleiner Lohbrügger Jung in den sechziger Jahren so weit weg, wie heut zu Tage Mallorca. Nach Bergedorf fuhr meine Mutter entweder mit mir zusammen auf dem Roller oder mit dem damals noch selten fahrenden Magirus Bus. Meine Mutter kaufte in der Regel noch in den kleinen Läden in der Alten Holstenstrasse, der Produktion oder auf dem Lohbrügger Markt ein.

Wenn in Lohbrügge kein Markt war – teilweise war er auch am Sander Damm auf dem Gelände der jetzigen Polizeiwache - fand er, wie heute, in der Chrysanderstrasse statt. In den Ferien war dann im Schlosspark an den Markttagen auch Flohmarkt.
Ein Flohmarktstand in den Ferien oder am Samstag am Lohbrügger Markt war für mich immer eine spannende Angelegenheit das Taschengeld aufzubessern und war mit frühem Aufstehen verbunden, weil ein frühes Erscheinen die besten Plätze sichert. Mit dem Fahrrad ging es meist mit diversen Taschen am Lenker Richtung Schlosspark – Gott sei Dank ging es ja nur bergab und die Hoffnung war ja da, das auf dem Rückweg ein Großteil der Ware verkauft war. Vorbei am Eisenwerk, Gewerkschaftsweg und dem Bahnübergang fuhr ich zum Schlosspark und das handeln, feilschen und verkaufen konnte beginnen…….
Weiter ging es selten nach Bergedorf rein, da es in den sechziger Jahren von Bergedorf nach Lohbrügge eine kleine Weltreise war und kleine Jungs ausgesprochen quengelig werden konnten (Mutti, ich kann nicht mehr….).
Die Busse fuhren nicht so häufig und das Haltestellennetz war nicht mit dem heutigem vergleichbar.

Den Mohnhof habe ich somit als Kind ausgesprochen selten gesehen. Mir in Erinnerung geblieben sind aber witzigerweise die weißen Holz-Blumenkübel.

Mohnhof Ende der 50er Jahre

Ein spezielles Geschäft gab es allerdings am Mohnhof – Glunz. Wenn man vieles auf einmal schauen wollte, war man hier richtig. Hier bekam man eigentlich alles, von der kleinsten Schraube, über Bohrmaschinen, Porzellan, feinen „Zwirn", Trachten bis hin zur Waschmaschine und das mit einer Top-Beratung. Hier konnte man wirklich noch sagen, das die Verkäufer wussten, wovon sie sprachen. Jahre später waren dann auch das Anzug-Magazin und später die Tanzschule Middendorf mit ihren Tanzkursen und Tanzabenden/Disco ein wichtiger Anlaufpunkt. An manchen Abenden habe ich damals selbst in der Tanzschule noch Platten aufgelegt.

Jetzt bin ich erst, Jahre später, mit dem Brink wieder in Kontakt gekommen, dafür aber um so ausführlicher. In meinem Buch „Bergedorf – die Schatzsuche", das zum großen Teil rund um den Brink spielt, habe ich einiges verarbeitet, das ich bei meinen Recherchen herausfand.

Unter anderem auch Janssens Gasthof, bei dem einer der „Helden" meines Buches nächtigte.

Thomas von Gellern auf der Suche nach dem vergrabenen Bergedorfer Schatz und seiner Liebe zu Dora und dem schicksalsgebenden Überfall auf Familie Stein. (Quelle: Bergedorf – die Schatzsuche)

In den letzten Wochen habe ich das Glück gehabt, einige Bilder und Ansichtskarten vom Brink zu bekommen, die ich ursprünglich für meine „Schatzsuche" verzweifelt gesucht hatte, aber nicht mehr verwenden konnte. Jetzt möchte ich Ihnen diese Bilder nicht vorenthalten und nachreichen.

Verlag von Kamm Gebrüder, Hamburg.

1002.

Gruss aus Bergedorf.

JANSSEN GASTHOF

Brinck — Brunnenstrasse.

JANSSEN GASTHOF

Gruss aus Bergedorf.

Jansens Gasthof. Besitzer F. Sagell.

J. Boock, Photograph. Bergedorf

37

Neue Ansichtskarte (86) von der Holtenklinkerstrasse/Mohnhof

6. Kapitel   Holtenklinkerstr Str./Brunnenstr.

In den letzten Wochen habe ich auch einige Bilder von der Brunnenstrasse erworben, die ich sehr interessant finde und das Bergedorf Anfang des 20. Jahrhundert zeigen. Es ist für mich schön zu sehen, dass vieles noch immer wie vor 100 Jahren aussieht.

Auf Bäume wurde aber damals definitiv wesentlich mehr Wert gelegt als heute. Wir schauen hier unverkennbar auf die Brunnenstrasse/Abzweig August-Bebel-Strasse. Die historischen Hausfassaden haben sich glücklicherweise innerhalb der letzten 100 Jahren kaum verändert und sind noch ursprünglich geblieben.

Eckhaus Abzweigung August Bebel Strasse

Blick Richtung Einzweigung August Bebel Strasse

Brunnenstrasse

40

Interessant wird in den kommenden Jahren sicherlich auch die anstehende Neugestaltung von Bergedorf Süd sein. Sie können die Pläne der sogenannten „energetischen Stadtsanierung" unter

http://www.bergedorf-sued.de/
http://www.bergedorf-sued.de/gebietsentwicklung/projekte/

einsehen oder sich direkt im Stadtteilbüro Bergedorf-Süd informieren.

7. Kapitel Alte Holstenstrasse/Grosse Strasse

Die Alte Holstenstrasse oder (Grosse Strasse) ist heute größtenteils nur noch an ihrem Verlauf zu erkennen. In meinem Buch „Bergedorf – das waren noch Zeiten" habe ich ja schon ausführlich darüber geschrieben. Es gab einen Autohändler, die Produktion, Wäschereien, Fahrradgeschäfte, Banken, Schreibwarenläden, Fischgeschäft, Kneipen, Buchtauschladen, Kneipen, Porzellangeschäfte, Milchladen, Eisenwaren, Möbelgeschäfte, Kaffeeladen, Fleischer uvm. So etwas würde man heutzutage wohl Branchenvielfalt nennen

Betten Demmin, Zollhaus, Abzweig Ludwig-Rosenberg-Ring

Ich erinnere mich noch an das alte Zollhaus, das ca auf der Höhe des heutigem Marktkaufeingang stand. Daneben gab es ein Fahrradgeschäft Mai und das Nordmannhaus, in dem eine Buchhandlung und später ein Naturladen beherbergt war. Das Nordmannhaus war Anfang der siebziger Jahre auch Schauplatz eines Filmdrehs von Hark Bohm „Ich wollte nur ne Arche bauen" mit dem Hauptdarsteller Uwe Bohm.

Blick in Richtung Eisenbahnbrücke, rechte Seite wäre heute das Marktkauf-Center (Damals das Zollhaus)

Alte Holstenstrasse Höhe Kloppenburg

Alte Holstenstrasse um 1910

Alte Holstenstrasse 60er Jahre

Alte Holstenstrasse Höhe Sport Borowski/Bäckerei Junge 2015

Neue Ansichtskarte (52) aus eigener Collection

8. Kapitel   Alte Holstenstrasse/ Ecke Reetwerder

Seit einiger Zeit ist dieser Teil Bergedorfs für mich zu einem Sinnbild der Bergedorfer Stadtentwicklung geworden. Beidseitig wird nichts getan, um einen Funken von Attraktivität zu entzünden. Statt dessen, sieht man Leerstände, Baustellen und Bretterzäune. Gerade bei dem ehemaligen Schwartaugebäude fällt auf, das sich dort nichts, aber auch rein gar nichts tut. Über meine Facebookseite entwickelte sich eine umfangreiche Diskussion, dass die Bergedorfer Zeitung am 17.11.2014 darüber berichtete.

Die Alte Holstenstraße, Höhe Reetwerder, von der Eisenbahnbrücke aus gesehen: links heruntergekommene Ladenzeile, rechts Dauerbaustelle.   Foto: Neh

Bergedorfer Bahnhofsviertel präsentiert sich wenig einladend

Die Ladenzeile Alte Holstenstraße 59 bietet ein trauriges Bild. Das Grundstück wäre ideal für einen mehrstöckigen Neubau.   Foto: Neh

Die leerstehenden Flächen ziehen "wilde" Plakatierer an.

Beim Umbau des Grillrestaurants "Pamukkale" wurde illegal der Keller tiefergelegt. Das Bezirksamt stoppte daraufhin den Bau.

Viele Bergedorfer meinten, das diese Ecke ein Schandfleck Bergedorfs ist, an den man schnellstmöglich vorbeigeht. Am Besten wäre es, alles abzureissen. Gerade diese flache Gebäudezeile sieht verboten und zusammengeschustert aus. Schrecklich! Eine große Mehrzahl der Bergedorfer denken so, oder so ähnlich.

Ich kann mich noch an Geschäfte wie Schloicka, einen Modeladen, das Fass und eine Drogerie erinnern, aber für mich sah es auch immer wie ein Fremdkörper innerhalb Bergedorfs aus.

Irgendwann packte mich der Ehrgeiz herauszufinden, wie diese ungewöhnliche Ladenzeile eigentlich entstanden ist. Die Überraschung war für mich riesengroß, als ich zufällig erfuhr, dass die Bergedorfer Innenstadt schon vor dem CCB ein kleines Kaufhaus hatte.

Nichts ist oder war zusammengeschustert, sondern die jetzige Ladenzeile hat sich aus dem damaligen Bergedorfer Kaufhaus entwickelt. So gesehen ist dieser „Schandfleck" historisch bedingt, aber wie in vielen Bereichen muss man feststellen, dass man es geschafft hat, dieses historische Gebäude kaputt zu wirtschaften. Heute ist von diesem Kleinod leider kaum noch etwas zu erkennen.

Ist dieser Teil Bergedorfs auf Dauer überhaupt noch zu retten?

Während ich dieses Buch schrieb war ich überrascht, als ich in der Bergedorfer Zeitung las, das tatsächlich geplant ist, diese Ecke Alte Holstenstrasse/Reetwerder neu zu gestalten und dort einen sechsgeschossigen Neubau entstehen soll (Kosten 6,5 Millionen Euro).

http://www.bergedorfer-zeitung.de/bergedorf/article205609711/7-5-Millionen-Projekt-Reetwerder-bekommt-modernen-Neubau.html

Der Neubau soll den Nebengebäuden angepasst werden (Höhe und Farbe) und im Erdgeschoss sollen Läden entstehen. Vielleicht ist ja auch geplant, bei der Planung der Läden im Erdgeschoss auf die Geschichte des Bergedorfer Kaufhauses einzugehen. Wäre schön! Der Neubau würde sicherlich diese Ecke Bergedorfs aufwerten und vielleicht auch, durch interessante Geschäfte ansehbarer machen..

Schade finde ich, das allerdings immer nur von dem Schandfleck, der Schrottbebauung, die man einfach nur platt machen sollte und Bruchbuden gesprochen wird, ohne die historische Ursprungsform zu beachten. Ich denke allerdings, dass hier ein Erhalt der alten Bausubstanz im Gegensatz zum ehemaligen „Schüttfort-Speicher", nicht sinnbringend ist. Hier würde eine Aufwertung unter Beachtung der baulichen Form, Art und Aussehens der Nebengebäude, geschehen, wovon man beim Neubau in der Chrysanderstrasse nicht sprechen kann.

Immerhin hat das Restaurant Pammukale in der Zwischenzeit seinen lang andauernden Umbau beendet und öffnete Mitte November wieder. Schön, das im Bergedorfer Bahnhofsviertel wieder Leben einzieht.

Wieder einmal war in diesem Jahr der Lohbrügger Markt lange im Fokus der politischen Parteien gewesen. Die Planung, den Lohbrügger Markt für 800.000 Euro umbauen zu lassen, wurde glücklicherweise nach einer Unterschriftenaktion wieder gestoppt. Hintergrund der geplanten Umbauaktion war, statt den gesamten Markt umzugestalten, nun nur noch im südlichen Teil einen Platz mit einer größeren Aufenthaltsqualität zu schaffen. Das sollte durch eine Neupflasterung und Neumöblierung dieses Bereiches von der Lohbrügger Landstraße bis zur Feuerwehrwache erfolgen. Vor dem italienischen Restaurant sollen neue Bäume gepflanzt sowie der Platz insgesamt aufgehöht und somit von der Parkplatzfläche abgegrenzt werden. Hiergegen kam es zu einem Sturm der Entrüstung in der Bergedorfer Bevölkerung. 1680 Unterschriften wurden eingereicht und die Planung zum Umbau wurde „gekippt"!

Eine Ruhezone direkt an der vielbefahrenen Lohbrügger Landstrasse/Am Beckerkamp anzulegen, schien ein wahrer Schildbürgerstreich zu sein. Hinzu kommt, das eine Stufe zwischen den beiden Ebenen Ruhezone/Marktfläche eine erhöhte Unfallgefahr für Gehbehinderte darstellt. Gleichzeitig würde dadurch die Standfläche der Marktbeschicker verkleinert werden. Eine Aufwertung des Leuschnerparks als Ruhezone und dadurch einer größeren Aufenthaltsqualität wurde leider nicht weiter verfolgt. Ich denke auch, das dort das Geld wesentlich besser angelegt wäre.

Dies nur als eine kurze Zusammenfassung der derzeitig stattfindenden Diskussionen zum Umbau des Lohbrügger Marktes.

Hierzu passend habe ich eine Ansichtskarte kürzlich erworben, die nicht besser zum Themen der verfeindeten Lager passen könnte:
Die Friedenseiche aus Sande (Lohbrügger Markt)

Bildquelle: T. Lieschke

Im Hintergrund kann man die Leuschnerstrasse (Kurve) Richtung Volkshochschule erkennen.

Der heutige Platz der Friedenseiche und der Findlinge ist am Rand des Marktes unweit der Statue der Marktschreier am Beckerkamp.

Die Marktschreier

Die Friedenseiche 2015

10. Kapitel   Johann-Meyer-Strasse/Sander Damm

Teilweise habe ich natürlich auch das Glück gehabt andere Bergedorfer kennenzulernen, die meine Begeisterung für die Bergedorfer Geschichte teilen und mich mit Bildern, Erinnerungen oder Diskussionen unterstützen. Immer wieder komme ich an meine Grenzen da ich nicht erkenne, um welchen Teil von Bergedorf es sich handelt, denn ich habe vieles nicht mehr kennengelernt oder habe keine Erinnerungen mehr daran. So ähnlich erging es mir bei folgendem Bild, das ich erst einmal nicht unterbringen konnte.

Quelle: Verkehrsgeschichtliches aus Bergedorf - Verkehrshistorische Reihe Nr. 23

Nachdem ich in alten Bildern gewühlt habe – mir lässt so etwas ja keine Ruhe - meinte ich im Hintergrund die Alte Holstenstrasse erkannt zu haben, vermisste aber verständlicherweise das „Haspa-Hochhaus" auf der linken Seite.

Kleiner Kiosk auf Höhe des „Haspa-Hochauses (Bild T:Lieschke)

Bau des Haspa-Hochhauses gegenüber dem Lohbrügger Markt

Es kam natürlich erschwerend hinzu, dass beim sogenannten „nachforschen" dieses Teils von Lohbrügge dann noch mehr Bilder in meinen Focus gerieten, die meine grauen Haare noch üppiger sprießen ließen, weil ich mir im ersten nicht sicher war, wo ich die Bilder örtlich einzuordnen hatte.
Alle Bilder kann ich in diesem Buch nicht zeigen und belasse es bei denen, die ich zumindestens in Zusammenhang bringen konnte.

Grosse Strasse/Alte Holstenstrasse

Irgendwann war ich mir sicher, dieses kleine markante Häuschen in der Bildmitte auf einem anderen Bild schon einmal gesehen zu haben und tatsächlich – auf dem nächsten Bild war es auch vorhanden.

Makullas Ballhaus sagte mir beispielsweise absolut nichts, außer das meine Eltern immer wieder von ihren damaligen

Tanzvergnügen schwärmten. Auch eine Napoli Eisdiele war mir nur noch im Unterbewusstsein in Erinnerung, aber auf den alten Bildern konnte ich dann schon erkennen, das diese Häuser den damaligen Strassenverlauf zeigten.

Bildquelle: Bille-Rundschau:

Bildquelle: Makullas Ballhaus (Rump)

Wir befinden uns also an der Ecke Lohbrügger Landstras-
se/Sander Damm und schauen ebenfalls mit gleichem Blick-
winkel – wie vor 120 Jahren - auf die heutige Alte Holstenstr
und den Sander Damm. Die damalige Häuserzeile zu Beginn
der Alten Holstenstrasse ist lange nicht mehr existent. In den
siebziger Jahren war an dieser Stelle noch ein Gebrauchtwa-
ren-händler ansässig, bevor dann im Jahre 1989 das Ärzte-
haus gebaut wurde.

11.Kapitel   Uhrmacher Kessel (Kesselhaus)

Wie komme ich gerade auf dieses Thema?

Vor einigen Wochen wurde ich von der Familie Woddow aus Bergedorf angeschrieben, das ihnen meine Bergedorf-Seite

https://www.facebook.com/BergedorferFotosVonDamalsBisHeute

sehr gut gefällt und sie meine neu kreierten Ansichtskarten von Bergedorf (sind auf meiner Autorenhomepage hinterlegt) toll finden. Sie baten mir an, das wir uns treffen sollten. Sie hätten vielleicht einige Dinge, die ich für meine Seite nutzen und der Öffentlichkeit zeigen könnte.

Hocherfreut nahm ich das Angebot an und war begeistert vom Treffen mit Herrn und Frau Woddow und von dem vielschichtigen Wissen über Bergedorf. Atemberaubend, was Herr Woddow mir alles zeigte, angefangen von sämtlichen Lichtwarkheften, allen „bis auf eines", wie Herr Woddow sagte, Schlosskalendern, Ansichtskarten und vielen weiteren Bergedorfer Utensilien. Hinzu kam, das Herr Woddow ein ausgezeichneter Erzähler ist und ich begeistert zuhörte.

Eine Geschichte handelte hierbei vom Uhrmacher Kessel und seinem Großvater und wie er dort eine Uhr erwarb. Das sogenannte Kesselhaus befand sich gegenüber der Kornwassermühle Grosse Str. 7. Uhrmacher Kessel war der Nachfolger vom Uhrmacher Lohmann. Das Haus gehörte zum schloßseitigen Teil der Alten Holstenstrasse (Nordseite). Dieser Teil war Ende des 19 Jahrhunderts noch dicht bebaut gewesen und wurde erst Anfang des 20. Jahrhunderts wegen der Verbreiterung der Alten Holstenstrasse abgerissen.

Natürlich hatte ich schon vom Kesselhaus gelesen und wusste, das dort ein Uhrmacher sein Geschäft hatte. Auf dieser Ansichtskarte ist die Nordseite zu sehen, im Hintergrund der Kornspeicher und hinter dem Baum hatte Uhrmacher Kessel sein Geschäft.

Alt-Bergedorf.   Holstenstrasse, Nordseite.

Verlag von Carl Denker, Bergedorf. No. 2. Nachdruck verboten.

Einige Bilder hatte ich natürlich auch schon gesehen und fand das damalige Geschäft, direkt am Schlossteich und der Brücke, sehr schön - aber was mir Herr Woddow dann zeigte, verschlug mir dann doch den Atem und ich halte es für wichtig, Ihnen lieber Leser, dieses Bild zumindestens zu zeigen.

Wie gesagt hatte ich schon einiges gesehen und bin es gewohnt, in alten Büchern oder Bildern zu kramen und immer wieder überrascht zu werden.

Aber als Herr Woddow mir dann eine Originaluhr der Urmacherei Lohmann/Kessel präsentierte, war ich doch baff.

Toll, wie solche Dinge in Ehren gehalten werden und bei Gelegenheit dann „verdienterweise stolz" präsentiert werden.

12. Kapitel   Der Bergedorfer Hund vom Rathauspark

Nein, nicht der Hund von Baskerville sondern tatsächlich vom Rathauspark. Es bleibt natürlich nicht aus, das bei einem langem Gespräch mit der Familie Woddow viele weitere Geschichten erzählt wurden und nicht nur wie man in Hamburg sagt „Döntjes" vertellt, sondern mit überraschenden Utensilien aufwartet.

Im Jahre 1889 ließ sich der Kaufmann Hermann Friedrich Messtorff in der „Villa Hohentann" an der Wentorfer Straße nieder.

Auf meiner Facebook-Bergedorf-Seite habe ich schon einige Male über den alten Rathauspark der Villa Hohentann/Messtorff berichtet, die 1925-1927 zum Bergedorfer Rathaus umgebaut wurde.

Neben der schlossartigen Schönheit der Villa gehörte eine große prunkvolle Gartenanlage zum Grundstück. 1925 fand auf dieser parkähnlichen Gesamtanlage, in der Villa und einigen Nachbargärten, die „Gartenbau-Ausstellung Bergedorf 1925" statt. Zwischenzeitlich wurde der Park mehrfach umgestaltet, wie z. B. der Freilichtbühnen-Bereich und die Anlegung des Spielplatzgeländes, wobei Grundformen der Altanlage noch heute zu erkennen sind.

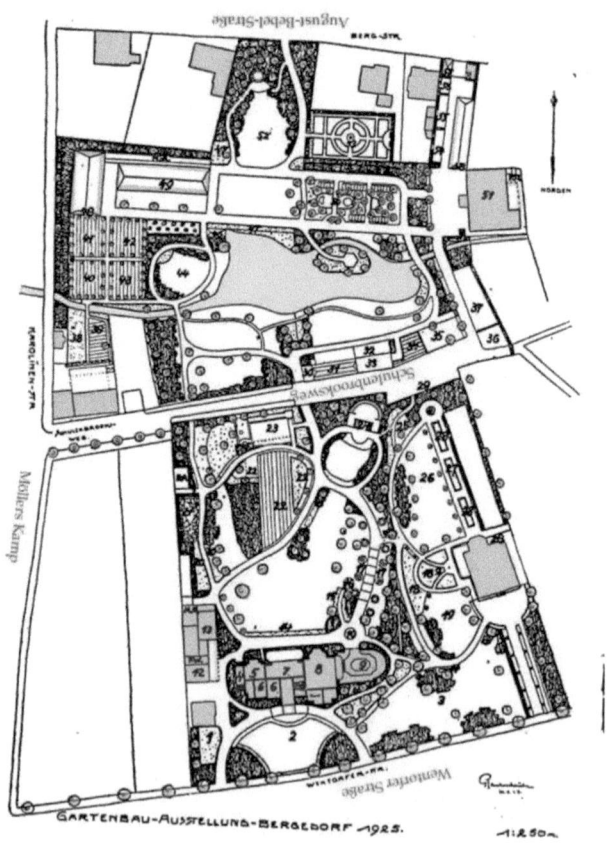

GARTENBAU-AUSSTELLUNG-BERGEDORF-1925.

Quelle: Bergedorf-Chronik

Ein Tunnel führte zum unteren Teil des Parks.

Quelle: Lichtwarkheft

Zu dem prachtvollem Garten der Villa gehörten ein antiker Säulentempel, eine Rosenpergola, ein Pavillon, ein Tunnel, der die beiden Gärten miteinander verband und einige beeindruckende Tierskulpturen.

Mein Vater erzählte mir bereits vor Jahren, das sein Onkel als kleiner Junge auf einem Löwen im Rathauspark geritten war. Ich schaute meinen Vater zweifelnd an – Löwen!? – alles klar!

Naja werte Leser, mitunter muss man den vermeintlichen „Döntjes" der Älteren doch ein wenig mehr Glauben schenken und in der Vergangenheit graben. Dabei stieß ich tatsächlich auf ein Bild mit einem der beiden Löwen, die den Tempel im Park schmückten.

Selber kannte ich nur die beiden Sphinxen im heutigem Rathauspark an der Rückseite des Rathauses.

Quelle: Meine neue Bergedorfer Ansichtskarte (Nr. 50a)

Nun saß ich also mit Familie Woddow im Garten und Herr Woddow erzählte über das alte Bergedorf. Dabei zeigte er auf einen Steinskulptur eines Hundes, die einige Meter weiter im Garten stand.

Der Rathauspark-Hund

„Dieser Hund gehörte mit zum damaligen Rathauspark und wurde von meinem Großvater mütterlicherseits, Carl Röbert, der als Malermeister zusammen mit seinem Bruder Friedrich in der Wentorferstrasse 33b gegenüber dem Rathaus sein Geschäft hatte, gerettet. Alle weiteren Skulpturen wurden damals mit Vorschlagshämmern zerstört. Mein Großvater erzählte mir, das damals schon diverse Teile von Tierfigurresten, wie Teile des Löwenkopfes und Beine herumlagen. Der damalige Vorarbeiter sprach meinen Großvater an ob er nicht seine „Schottsche-Karre" rüberholen kann um den Hund abzutransportieren und damit zu retten.

Mein Großvater schleppte den Hund herüber und so entging dieser der Zerstörung und ist ein tatsächliches übergebliebendes Relikt aus dem damaligen Rathauspark. Das Rathaus ist über den jetzigen Standort informiert und damit einverstanden, dass er in unserem Garten eine neue Heimat gefunden hat."

Herr Woddow bat der damaligen Bürgermeisterin Steinert an, die Hundefigur im Rathaus aufzustellen, doch das wurde von Rathausseite abgelehnt. Die Figur im Rathauspark aufzustellen, wo eine mutwillige Zerstörung oder Schmierereien nicht ausgeschlossen werden konnten, wäre diesem Kunstwerk unwürdig und so blieb die Hundefigur im Garten der Familie Woddow. Zu bestimmten Anlässen wie dem 75jährigen Jubiläum des Rathauses ging der Hund auf Reisen und wurde im Rathaus ausgestellt. Wieder eines der Geheimnisse Bergedorfs, auf das man zufällig stößt.

Ich denke, diese Geschichte war es wert erzählt zu werden.

13. Kapitel   Der Ratskeller

Vor kurzem erwarb ich eine Ansichtskarte vom Bergedorfer Ratskeller. Bisher war mir nicht bekannt, das es im Rathaus einen Ratskeller mit Lokal gab.

Bergedorf   Ratskeller, John Wendt   Fernspr. 306

Vielen Bergedorfern ist der Ratskeller allerdings bekannt (ich bin ja auch Lohbrügger ☺). Nachdem ich bereits die erste Ansichtskarte auf Facebook veröffentlicht hatte, kamen auch ruck zuck die ersten klärenden Äußerungen hierzu.

Der Ratskeller soll immer noch als Raum für Feierlichkeiten im Rathaus zu buchen sein. Die Räumlichkeiten sind nach wie vor sehr ansprechend und man soll dort sehr gut feiern können.

In den 70er/80er Jahren wurde der Ratskeller als Kantine des Bezirksamtes genutzt und es gab Mittagstisch von Gämlich. Die Speisegaststätte Gämlich war in der 1. Etage in der Alten Holstenstrasse 70 beherbergt und war nur über eine steile Treppe zu erklimmen. Dort durfte ich während meiner Ausbildung im Bethesda Krankenhaus (1980 – 1982) immer essen. Meine Mutter hatte für mich immer für die Woche Essensmarken besorgt und ich brauchte immer nur das Menü 1 oder 2 auswählen. Das Essen war immer sehr gut und reichhaltig und wurde in großen weißen Schalen serviert. Hätten meine Mutter und ich damals schon gewusst, dass es im Rathaus eine Kantine gab, wären die Mittagspausen weniger stressig gewesen und ich hätte meine Mittagspausen dort verbracht.

14. Kapitel   Ernst-Mantius-Strasse

Nach wie vor ist die Ernst-Mantius-Strasse eine der schönsten Strassen Bergedorfs. Es gibt dort noch wenig neue Bausubstanz zwischen den alten Prachtvillen. Leider fielen auch hier bei vielen Gebäuden die schönen Türme der teuren Instandhaltung zum Opfer. Schauen wir doch einmal circa 120 Jahre zurück und werfen einen Blick auf die Ernst-Mantius-Strasse von früher.

So sah die Ernst-Mantius-Strasse Anfang 1900 aus. Das heutige Amtsgericht gab es noch nicht (1926 fertiggestellt), das Schlosscafé unten rechts ist ein Orientierungspunkt.

Blick auf die Biehlsche Insel, heute Standort Amtsgericht

Blick von der Ernst-Mantius Brücke

Blick vom Schlosspark auf die Ernst-Mantius-Strasse

Strassenanicht Ernst Mantius Strasse

Neue Karte (83) Ernst-Mantius-Strasse

15. Kapitel Schlosspark

Bleiben wir doch einmal in der Nähe der Ernst-Mantius-Strasse und begeben uns einmal in die grüne Lunge Bergedorfs – dem Schlosspark.

Schon als Kind war ich bis zum heutigen Tag fasziniert von dieser faszinierenden Vielfalt aus Biotop, herrlichen Blumenbeeten, Rhododenden, Brücken, Wasserstrassen, Burggraben und unserem Bergedorfer Schloss.

Immer wieder ertappe ich mich dabei, wenn ich durch den Schlosspark schlendere (bewaffnet mit meinem Fotoapparat), wie ich immer wieder neue Ecken, Winkel und Facetten des Park erkenne und meine Gedanken zurückschweifen in längst vergangene Zeiten. Ich habe durch mein Hobby das Glück, viele Bilder aus Bergedorf und natürlich auch vom Bergedorfer Schlosspark sichten zu können und bin aus diesem Grund um so mehr fasziniert, was für ein Glück Bergedorf hat, so ein Schmuckstück zu besitzen.

Um so trauriger und wütender werde ich, wenn ich teilweise sehe, mit welcher oftmals Gleichgültigkeit und Arroganz mit diesem Kleinod umgegangen wird. Bestes Beispiel war das vor kurzem stattgefundene Bergedorfer Stadtfest. Die Wiese vor dem Bergedorfer Schloss sah aus wie ein Schlachtfeld, die Wege rings um das Schloss und dem Sachsentor waren mit Scherben übersät und in vielen Ecken des Parks standen leere Wodka- und Kornflaschen an den Sitzbänken oder schwammen im Schlossgraben oder Schlossteich. Die Gleichgültigkeit vieler Festbesucher wurde damit begründet, dass man ja auch schließlich viel Geld für einen Becher Bier auf der Festwiese zahlt und die Standbetreiber schon dafür sorgen, das alles wieder aufgeräumt wird. Frei nach dem

Motto –„Ich habe dafür bezahlt, also kann ich mich auch wie ein Ferkel benehmen!"

„Wenn ich auf einem Konzert bin, suche ich mir doch keinen Abfalleimer, weil dann mein Platz wieder weg ist, also lass ich den Becher fallen. Machen alle anderen doch auch!"

„Es waren viel zu wenig Mülleimer, also blieb mir ja nichts anderes übrig, als die Becher fallen zu lassen."

„Die Standbetreiber selbst haben die Mülleimer vollgemacht. Für unsere Becher waren kein Platz mehr da."

„Das waren keine Bergedorfer, das waren Besucher!"

Ich lasse diese Aussprüche einmal unkommentiert so stehen und denke mir meinen Teil. In der BZ, wie auch auf diversen Facebookseiten, wurde hierzu schon viel gesagt und ausgiebig diskutiert. Hoffen wir einmal, dass es zum nächsten Fest besser wird und die Einsicht und Vernunft bei vielen Bergedorfern siegt.

Aber nach wie vor haben wir einen Schlosspark, der auch nach solchen Festen wieder hergerichtet wird. Herrlich angelegte Blumenrabatten am Spielplatz und Rollschuhbahn, boulespielende Bergedorfer, die sich die Ausrüstung im neuem Cafè Chrysander ausleihen, Wochenmarktbesucher, die gerne einen kleinen Schnack zwischendurch halten und Marktbeschicker die sich ihr Frühstück im Café auf der Terrasse schmecken lassen und ihren Stand vor dem schönen Blick auf die Villen an der Chrysanderstrasse mit Argusaugen beobachten.

Kleiner Tipp – schaut ruhig einmal in das kleine Café hinein und probiert das reichhaltige Kuchensortiment – lecker!

Vor dem Hintergrund dieses Buches wurde ich bei meinen Recherchen wieder einmal mit tollen Aufnahmen des Schlossparks konfrontiert, die ich Ihnen, liebe Leser, natürlich unbedingt zeigen möchte. Nicht deswegen, weil früher ja angeblich alles besser war, sondern nur um zu zeigen, dass es sich lohnt, diesen Park in Ehren zu halten.

Bergedorf
Partie in den neuen Anlagen

Bergedorf   Schloß

Immer wieder ist es erstaunlich, wie viel man einerseits doch noch wiedererkennen kann, aber auch wie viel bereits unwiderruflich zerstört wurde (Entschuldigung – dem Zeitgeist wich!).

Das Schlosstor und den Burgwall gibt es schon nicht mehr. Die Hochzeitsbrücke gibt es in der Ursprungsform nicht mehr und der Pavillon wurde schon häufig instandgesetzt und ist auf Grund von Vandalismus und Schmierereien leider kein Wahrzeichen des Parks – leider!

Hoffen wir einmal, das wir noch viele Jahrzehnte etwas von dieser wunderbaren Parkanlage haben werden und pfleglich damit umgehen.

16. Kapitel Ansichtskarten

Es bleibt natürlich nicht aus, das ich zum Schluss noch einmal auf den Buchtitel zurückkomme.

„Erinnerungen"

Seit kurzem bin ich dabei neue Bergedorfer Ansichtskarten herzustellen. Mir fiel bei Recherchen zu diesem Buch auf, das es in Bergedorf kaum noch Ansichtskarten von Bergedorf zu kaufen gab.

Bergedorfer Ansichtskarten haben eine jahrhundertelange Tradition und diese soll jetzt vorbei sein? Damit wollte ich mich nicht abfinden. Vereinzelt fand ich zwar noch Postkarten, doch diese waren allerdings schon etwas älterer Natur. Flugs machte ich mich daran, neue Karten zu kreieren um diese in Bergedorf anzubieten.

Aktuell sind meine Karten u.a. bei der Buchhandlung Heymann im CCB teilweise (60 verschiedene Motive) erhältlich. Das gesammte Spektrum umschließt aktuell mehr als 100 verschiedene Bergedorfer Motive (alte, neue oder kombinierte Motive).

Schauen Sie doch gerne einmal auf meiner Autoren-/Ansichtskartenseite vorbei und schwelgen Sie dabei in „Erinnerungen" bei den historischen oder kombinierten Karten oder erfreuen Sie sich an den neuen oder Themenmotiven .

http://bergedorf-hartmann.jimdo.com/ansichtskartenverkauf-galerie/

http://bergedorf-hartmann.jimdo.com/ansichtskarten-entwürfe.de

Mit der Herstellung und dem Verkauf der Karten habe ich die Möglichkeit den Kauf von historischen Karten oder Bildern zu finanzieren um diese dann später der Öffentlichkeit, wie auch in diesem Buch, zu zeigen. Ich bin auf mein eigenes Archiv angewiesen, das ich durch Bilder-Spenden von Familien wie den Woddows immer wieder erweitern kann. Anderes Bild-Material für meine Bergedorf Seite oder meiner Bücher muss ich mir kaufen.

Falls Sie liebe Leser auch Bildmaterial haben, dass Sie mir und damit den Bergedorfern zur Verfügung stellen könnten, würde ich mich über eine Nachricht von Ihnen freuen.

Für die bisherige Unterstützung kann ich nicht oft genug Danke sagen.

17. Kapitel   Resumee

Die Grundstimmung der Besucher meiner Facebook-Seite zu
Bergedorf ist zwiegespalten. Man findet keine einhellige Mei-
nung dazu, ob Bergedorf noch schön, immer noch schön,
oder kurz vor der Zerstörung ist.

Viele Bergedorfer wünschen sich, das Bergedorf moderner
und kulturell interessanter gestaltet werden müsste (Kino,
Schwimmbad). Im Vordergrund stehen für viele die tollen Ein-
kaufsmöglichkeiten und das reizvolle Umland.

Dann gibt es diejenigen die meinen, dass Bergedorf genug
„geblutet" hat. Man hat das Gefühl, das oft am tatsächlichen
Bedarf bzw Wunsch der Bergedorfer vorbei gebaut wird und
dabei keine Rücksicht auf Bergedorfer Geschichte genommen
wird. Sie bedauern, das wenig Rücksicht auf alles Alte genommen wird und das damit auch ihre Wurzeln verloren gehen. Schützenswert scheint nichts mehr zu sein, alles hat seinen Preis.

Durch viele Baumaßnahmen wurde vieles dem Zeitgeist angepasst, ohne dabei auf die Individualität Bergedorfs zu ach-
ten. Viele Bergedorfer, zu denen ich auch gehöre, finden,
dass gerade die Individualität Bergedorfs immer mehr verloren geht und Bergedorf austauschbar wird. Vieles, was in anderen Stadtteilen für gut befunden wurde, wird der Bergedorfer Altstadt wie eine Schablone aufgepasst. Natürlich knirscht
es dann buchstäblich im Gebälk. Der neue Bergedorfer Bahnhof, das geplante Bergedorfer/Wandsbeker Tor uvm. Diese
Bauten sind architektonische Dutzendware. Kühl, glatt und
ohne Gesicht!

Und dann gibt es noch diejenigen, die mich persönlich in ihrer
Eindeutigkeit, ihrem Zynismus und ihrer Resignation,

erschrecken. Dieser Kreis lebt nicht mehr in Bergedorf, ist hier aber aufgewachsen.

„Ich erkenne Bergedorf nicht mehr wieder!"

„Oh Gott, was hat man nur aus Bergedorf gemacht?"

„Bergedorf ist austauschbar geworden!"

„In Bergedorf regiert die Abrissbirne!"

„Ich bin entsetzt, wie Bergedorf jetzt aussieht!"

„Bergedorf hat den Krieg unbeschadet überlebt, aber nicht den späteren Bauboom."

„ich komme nur unregelmäßig alle paar Jahre nach Bergedorf und erkenne es von Mal zu Mal weniger wieder!"

Meine Facebookseite hat sicherlich dazu beigetragen, dass einige so reagieren. Sie wird nicht nur in Bergedorf, sondern auch Deutschlandweit, in Österreich und sogar Spanien gelesen. Gefreut hat es mich, als ich auch Anfragen aus der USA zu Bergedorf erhielt. Für die ehemaligen Bergedorfer ist diese Seite ein Kontakt zur Heimat und sie sehen, wie Bergedorf sich verändert und das leider nicht nur zum Positiven.

Meine Hoffnung ist und bleibt, dass vielleicht irgendwann einmal auf die Wünsche der Bürger eingegangen wird. Der Weg mit Serrahn 2030 ist beispielsweise ein guter Weg, so fern dieser weiter verfolgt wird. Falls irgendwann eine zwingend notwendige Umgestaltung des Serrahn geplant und durchgeführt wird, werden Vorschläge zu den Wünschen oder Ideen von Bergedorfern eingeholt.

Diese wurden auch haufenweise abgegeben. Was aus den tollen Ideen wird, bleibt abzuwarten, denn es wurde schon gespiegelt, das für die Umsetzung der Ideen und Wünsche kaum Geld vorhanden ist.

Die Schildbürger sind stattdessen wieder unterwegs: Aktuell wird geplant, das der Lohbrügger Markt verkleinert werden soll, um für ein italienisches Restaurant Sitzplätze zu generieren.

Um den Bereich von der Marktfläche abzugrenzen, möchte man eine Stufe einbauen. Mal sehen, wann die ersten Stürze zu verzeichnen sind oder wie gehbehinderte Menschen diese Stufe bewältigen sollen, Das natürlich die Marktfläche auch geringer wird, bleibt natürlich nicht aus. Glücklicherweise ist dieser Irrsinn erst einmal gestoppt worden.

Liebe Politiker, liebe Stadtentwicklung, versucht doch endlich einmal auf die Wünsche der Bürger einzugehen und nicht immer gegen Volkes Wille zu entscheiden.

Natürlich muss sich Bergedorf weiterentwickeln und es ist sicherlich dem „Zeitgeist" geschuldet, dass junge Familien neue Wohnungen benötigen, aber eine derartige Verdichtung des Wohnraums steigert sicherlich nicht die Wohnqualität und die Gefahr eines Verkehrsinfarkts ist augenscheinlich.

Letztendlich ist aber meine Bitte, dass Ihr, liebe Politiker, Euch mit dem gleichem Elan der historischen Häuser annehmt, diese schützt und nicht abreisst. Das Gesamtbild eines fast 900 Jahre alten Stadtteils, sollte nicht aus kommerziellen Gründen sich selbst überlassen bleiben und zum Spielball von Finanzjongleuren und Immobilienspekulanten werden.

Danke!

Für die freundliche Unterstützung möchte ich mich hiermit gerne bei allen Besuchern meiner Facebook-Seite bedanken, die mich immer wieder zum Grübeln und Nachdenken inspirieren und immer wieder tolle Geschichten zu den gezeigten Bildern erzählen können. Danke auch für kurze „Schnacks" in Bergedorf
Vielen Dank auch den vielen Bergedorf-Fans, die mich mit alten Bildern und umfangreichem Wissen unterstützen, im besonderen der Familie Woddow.

Ronald Hartmann

Quellenangaben
Bergedorfer Zeitung
Lichtwarkheft
Thomas Liedtke
Familie Woddow
Bergedorfer Fotos - von damals bis heute
http://bergedorf-hartmann.jimdo.com/